PRIEZ

POUR

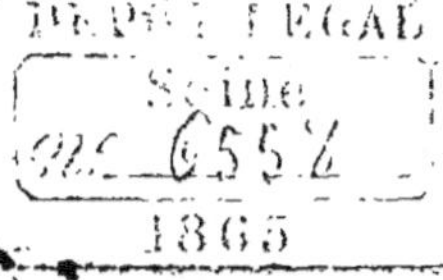

LE REPOS DE L'AME

DU TRÈS-CHER FRÈRE

BAUDILLE-MARIE

(ANTOINE-HENRI MILLET)

Religieux profès de l'Institut des Frères des Écoles chrétiennes,
Professeur de la 5ᵉ classe du Demi-Pensionnat,

Décédé dans le Seigneur, le 16 juillet 1865, à l'âge de 53 ans et 2 mois,
dont 23 ans de vocation religieuse.

« Voici un véritable Israélite sans déguisement et sans artifice.

» C'était un homme d'un caractère simple et d'un cœur droit, craignant Dieu et fuyant le mal.

» Il a conservé son âme pure, et le souvenir de son Dieu a toujours été présent à son cœur.

» Il a observé fidèlement les préceptes de son Dieu, et il n'a rien omis de tout ce que le Seigneur a commandé.

» Il est demeuré ferme et inébranlable dans la crainte du Seigneur, rendant grâces à Dieu tous les jours de sa vie.

» Seigneur, vous avez usé d'une grande miséricorde envers votre serviteur, parce qu'il a marché devant vous dans la vérité et la justice, et que son cœur a été droit à vos yeux.

(Tiré de l'Office de l'Église. Vêp. des Justes).

» Je n'ai point employé les paroles persuasives de la sagesse humaine; mais les effets sensibles de l'Esprit et de la Vertu de Dieu. »

(Épît. de St-Paul.)

DEMI-PENSIONNAT

DES FRÈRES

10, Rue des Francs-Bourgeois (Marais).

— ❧ —

MES CHERS ENFANTS,

Vous savez avec quel empressement le DEMI-PENSIONNAT saisit toutes les circonstances de fortifier et de confirmer dans votre esprit les notions du *vrai* et du *bon* qui sont la base de votre éducation.

Or, il nous a semblé que consacrer et perpétuer parmi vous le souvenir du respectable frère BAUDILLE serait vous donner pour le reste de votre vie un saint enseignement du *vrai* et un puissant encouragement au *bien*.

Recevez donc ces quelques pages consacrées par le plus constant des amis du DEMI-PENSIONNAT à la mémoire de notre vénéré défunt. Vous y retrouverez le frère BAUDILLE tel que vous l'avez connu, c'est-à-dire l'homme de Dieu et l'homme du travail; un maître qui vous aimait avec le cœur d'une mère, qui vous dirigeait avec la fermeté d'un père.

Plus tard, devenus des hommes, relisez attentivement ces quelques feuillets, et cherchez-y le secret de cet humble et long dévouement dont vous apprécierez bien mieux alors l'héroïsme et la beauté. Vous y verrez que Dieu seul l'a inspiré et nourri, mais qu'une mère chrétienne l'a préparé, et qu'une vocation religieuse l'a mis en œuvre et soutenu : la Religion, la Famille chrétienne, la Vie religieuse, la Maison d'Éducation catholique, vous apparaîtront dignes de votre respect et de votre amour.

Ainsi, de longues années après sa disparition de ce monde, le FRÈRE BAUDILLE vous apprendra encore à bénir Dieu dans ses plus admirables œuvres, et le Demi-Pensionnat continuera près de vous la religieuse mission que Dieu lui a donnée

Puisse notre but être atteint pour votre bonheur et notre consolation !

LE DIRECTEUR ET LES PROFESSEURS DU DEMI-PENSIONNAT.

Paris, 18 *Août* 1865.

DISCOURS

PRONONCÉ

A LA DISTRIBUTION DES PRIX

Par M. l'abbé SCHELTIEN

Curé de Fontenay-sous-Bois, ancien Aumônier du Demi-Pensionnat.

———

Les peuples antiques avaient un noble et touchant usage qu'il faut rappeler aujourd'hui. Lorsque la patrie triomphante et glorieuse voulait récompenser ses vaillants enfants, avant de déposer la couronne sur le front des vainqueurs, un des aînés de la famille avait pour mission de redire, en présence de tous, les vertus et le courage des héros morts dans leur triomphe au grand jour de la lutte.

Enfants, les couronnes sont prêtes; mais un de ceux qui vous avait si habilement appris à les gagner ne se montre pas pour les déposer sur votre front. Où est-il, ce maître si aimé? Il est dans une patrie meilleure! Il est sur ce rivage où nous aborderons tous! Il sourit à vos efforts et nous voit avec bonheur couronner vos généreux travaux.

Je trouve dans l'Écriture sainte une parole qui semble résumer en peu de mots toute la vie de cet homme dont le souvenir est aussi doux à la pensée que le rayon de miel aux lèvres desséchées : « Il fut le serviteur fidèle et prudent que Dieu place à la tête de sa famille pour lui donner une nourriture en rapport avec ses besoins. »

Nous allons en être convaincus.

Dans un petit coin de la Normandie, à Saint-Germain de Varville, près de Valognes, vivait une humble famille de cultivateurs. La bénédiction du Ciel semblait descendre avec bonheur sous ce toit de chaume où la piété donnait des forces au travail. Sept enfants croissaient déjà sous les yeux d'Antoine Millet et de sa digne compagne, lorsque le 27 mai 1812, Dieu augmentait les joies de tous par la naissance d'un fils. L'enfant reçut au baptême le nom de son père, et bientôt il prouva qu'il en avait également reçu les vertus.

En effet, ce fut sur les genoux de sa mère que le petit Antoine conçut cet attrait pour la piété et cette dévotion si tendre pour la sainte Vierge, qui ont été un des traits caractéristiques de sa vie.

Laissant de côté les jeux favoris de son âge, se séparant même de ses frères, l'enfant aimait à se tenir près de sa mère et de ses sœurs pour pouvoir apprendre de leur bouche combien Dieu est bon et combien il mérite d'être aimé. Puis, prenant par la main une de ses sœurs, plus jeune que lui : « Viens prier avec moi, lui disait-il, on a moins de distractions quand on prie ensemble. »

Le moment heureux de la première communion vint ajouter une nouvelle ardeur à la piété si tendre et si affectueuse du jeune Antoine. La maison paternelle, où il recevait de si touchants exemples de piété, ne pouvait plus suffire à l'ardeur de son âme. Il fallait que ses yeux pussent voir le tabernacle d'où son Dieu devait sortir pour entrer dans son cœur.

Anges du Sanctuaire, pieux témoins des prières de votre jeune frère, vous seuls pourriez nous dire les ardentes aspirations de cette âme d'élite, appelant son Dieu et comptant, les larmes aux yeux, les longues heures qui le séparaient encore du moment le plus heureux de sa vie.

Aussi, quelle fut sa joie et son bonheur, quand il entendit sortir du tabernacle cette douce parole : « Je viens, mon enfant, et je choisis ton cœur pour ma demeure. »

Avec quelle foi ne s'approcha-t-il point de la Table sainte. Son visage enflammé trahissait les sentiments de son cœur, et la joie qui brillait sur son front, et les douces émotions de son âme montraient à tous que le Ciel entier était dans le cœur de cet enfant de bénédiction.

Là ne devaient point s'arrêter les joies de ce beau jour. Le soir, la famille Millet s'était de nouveau réunie au pied du Sanctuaire, et la pieuse mère, prenant son fils entre ses bras, consacrait à la vierge Marie celui qui avait fait répandre à tous de si douces larmes dans la matinée.

C'était un pieux usage de la famille et une source de bonheur pour tous ses membres. L'enfant comprit l'importance et la solennité de cette action au soir du grand jour de la vie! Fidèle à ses engagements, je le vois chaque jour payer son tribut d'hommages à Marie, et si les travaux de la journée lui refusent le temps nécessaire pour s'acquitter de ses pieux engagements, ses Frères le trouvent, à une heure avancée de la nuit, roulant dans ses doigts les grains de son rosaire et priant avec bonheur Celle qu'il appelait sa Mère.

Ses pieux parents favorisaient les goûts de cet enfant pour le service du Seigneur. Ils avaient été grandement honorés le jour où le vénérable curé de la paroisse, touché de la piété du jeune Antoine, l'avait choisi entre tous pour l'assister à l'Autel et diriger les cérémonies de son église. A le voir si calme, si recueilli dans l'exercice de ces fonctions saintes, on eût dit le jeune Samuel préludant au ministère sacré qu'il aurait bientôt à remplir.

Ainsi se passait sa vie près de sa mère, près de Dieu.

L'heure du travail est venue. Le champ paternel s'est agrandi avec la famille, il réclame des bras. Antoine est là pour porter à son père, à ses frères, le tribut de ses forces naissantes. Sa mère a déposé un baiser sur son front, il part et remplit sa tâche avec une ardeur que rien ne saurait affaiblir. Il aimait ce travail des champs. Là, s'ouvrait devant lui ce beau livre de la nature où Dieu se révélait à son âme si pure sous mille formes qui ravissaient son imagination ardente. Et le soir, au foyer domestique, il aimait à redire les impressions de son cœur, il voulait que tous puissent participer à son bonheur.

Et cependant, son âme était inquiète. Une voix secrète se faisait entendre et lui disait que le monde n'était pas fait pour lui. Et le courageux jeune homme faisait taire les attraits de son cœur pour la vie religieuse. Le toit domestique venait d'être attristé par une séparation douloureuse. Les deux filles aînées d'Antoine Millet avaient quitté le monde pour entrer dans le cloître, fallait-il ajouter à des larmes si amères des larmes plus amères encore ? Le pieux jeune homme se consolera dans la prière. Pour mieux connaître la volonté de Dieu, on le verra faire quarante lieues à pied pour se rendre au vénérable sanctuaire de Notre-Dame de la Délivrande. Ceux qui le virent agenouillé au pied de la Vierge se demandaient quel était celui qui priait avec tant de ferveur ! Et il s'en revenait repassant dans son cœur les douces émotions trouvées dans la prière, lorsque la divine Providence lui fit rencontrer le frère directeur de Valognes.

Le vénérable vieillard fut touché de la candeur de ce jeune pèlerin qui lui ouvrait son âme avec tant de franchise. Il lutta contre le modeste jeune homme qui n'osait accepter l'honneur d'entrer dans l'Institut des Frères, n'ayant point, disait-il, la science nécessaire pour répondre à cette sublime vocation, et en le quittant, le vieillard le serrait sur son cœur en lui disant : « Au revoir, mon fils, à bientôt. »

Et Antoine retournait près de sa vieille mère, et, pendant deux ans encore, il conduisait la charrue de ses pères, et alors que trois autres de ses sœurs prenaient leur essor vers le cloître, Antoine se sacrifiait au bonheur de tous, restant pour embaumer du parfum de ses vertus ce toit devenu désert par le départ de ces chastes colombes.

Mais la voix qui parlait à son âme se fit entendre plus forte, plus persuasive ; il était impossible d'y résister : c'était la voix de Dieu !

Ce père et cette mère admirables comprirent l'étendue du sacrifice que Dieu leur demandait, ils y consentirent avec un héroïque courage. Six enfants donnés au Seigneur, deux fils mariés, quel sera le bâton de leur vieillesse ? Quelle main sera assez vigoureuse pour tracer les sillons dans leurs champs? Le Seigneur a parlé, il faut obéir au Seigneur. Je voudrais ici vous dire la lutte dernière d'Antoine quand il lui fallut quitter sa mère. Ces luttes ne se disent pas ; au cœur de les deviner !

Le 27 mai 1842, Antoine Millet frappait à la porte bénie de cette maison du faubourg Saint-Martin d'où sont sortis ces hommes d'élite qui ont sauvé du naufrage bien des générations naissantes. Le jeune novice fut accueilli et formé par ces religieux dont les noms sont bénis aujourd'hui par toutes les mères, car c'est à eux qu'elles doivent d'avoir conservé le cœur de leurs fils.

Antoine Millet avait trente ans. C'est dire qu'il s'imposait une tâche rude et pénible. Mais le jeune novice savait que le religieux n'avait plus d'autre volonté que sa règle, il l'accepta franchement et fut trouvé digne de revêtir l'habit religieux le 2 juillet suivant. Il reçut, en ce jour, le nom de Baudille-Marie que nous ne pourrons plus redire en parlant de sa personne ! Nom béni qui sera un noble excitant pour le jeune novice qui va en recevoir le précieux héritage. Le frère Baudille fut dès lors dans le Noviciat ce qu'il avait été dans le monde.

Tous étaient charmés de sa piété si tendre, de sa soumission si humble, de sa conscience si délicate. Tout faisait présager en lui le religieux que nous pleurons.

Le 14 juin 1844 son noviciat était terminé. Il fut placé dans la communauté de Saint-Nicolas des Champs et chargé de la classe de cinquième au Demi-Pensionnat de la rue des Francs-Bourgeois.

C'est là que nous eûmes le bonheur de connaître et d'étudier à fond cette âme d'élite. Jamais nous n'avons vu religieux plus animé de l'esprit de sa vocation. Son exactitude aux exercices de la Communauté était exemplaire, son zèle des plus intelligents et des mieux réglés, sa piété ne s'est jamais démentie un seul instant, toute sa vie se partageant entre la prière et l'étude, prière pour le bonheur de ses élèves, étude pour leur faciliter le chemin de la science. Que j'aimais à le voir dans sa classe entouré de ses nombreux élèves, avides de recevoir ses leçons toujours embellies de quelque histoire qui excitait leur attention! Ce n'était pas un professeur, un maître, mais un père au milieu de ses enfants. Il pensait tout haut, ce bon frère, et ses élèves pensaient comme lui. Aussi travaillait-on, dans cette classe, et les meilleurs élèves des classes supérieures étaient ceux qui avaient été formés par le frère Baudille.

Ce n'était pas seulement l'intelligence de ses élèves que le bon frère cultivait, il s'attachait avec le plus grand soin à développer les généreux instincts de leur cœur. La piété avait un noble aliment dans sa congrégation de la très-sainte Vierge : les sentiments généreux se développaient dans les œuvres de la Propagation de la Foi et de la Sainte Enfance, l'amour des pauvres avait un nouvel aliment dans les chaleureuses réclames du bon frère, qui,

petit enfant s'était fait leur avocat auprès de sa mère. Et
après s'être ainsi occupé des enfants, sa pieuse sollicitude
s'étendait jusqu'à leurs parents, dont peu échappaient à sa
douce influence.

C'est que c'était vraiment un apôtre, que notre frère
Baudille : son ambition, sa soif était de gagner des âmes
à Jésus-Christ. Faut-il vous transcrire ici sa prière favorite
et qui trahissait si bien les nobles désirs de son cœur?

« O mon Dieu ! j'ai soif de conquérir des âmes à votre
« amour.

« Des âmes, des âmes, il me faut des âmes... Je suis
« prêt à tout quitter, à tout donner, à tout souffrir pour
« sauver des âmes.

« O âmes bien-aimées qui avez coûté le sang de mon
« Sauveur, rendez-vous à mes brûlants désirs ! Venez em-
« brasser ce Dieu crucifié que j'aime et que j'adore. Venez
« vous enrôler sous l'étendard glorieux de sa sainte croix.

« Pour vous assurer ce bonheur j'ai dit adieu à ma pa-
« trie, à mes parents, à tout ce que j'aimais sur la terre !
« Mais si je peux gagner vos âmes, si je peux vous emme-
« ner au ciel, je n'ai rien souffert, je n'ai rien donné, je
« compte tout pour rien, et mes souffrances et mes sacri-
« fices deviennent la source de toutes mes joies, de tout
« mon bonheur...

« L'univers entier est ma patrie, parce que l'univers est
« le domaine de la charité.

« A qui Dieu est tout, le monde entier n'est rien.

« Pourvu que je puisse conquérir des âmes et les rendre
« à Jésus-Christ, je ne connais plus d'exil... »

Tel le cœur, telle la vie de notre Frère.

Le moment était venu où Dieu voulait récompenser tant
de généreux sacrifices.

De légères indispositions, sinistres avant-coureurs des
malheurs qui nous menaçaient, ne tardèrent pas à forcer

le courageux professeur à se séparer de ses chers élèves. Grande fut sa peine, et cependant il ne murmura point contre la volonté du Seigneur. Il se consolait par la prière pour ses enfants bien-aimés et par l'obéissance au médecin. Il acceptait l'amertume de ses boissons par ces douces paroles : « Pour Jésus-Christ ! Je ne veux rien que pour Jésus-Christ ! »

Et puis ses yeux se fixaient vers le ciel, il invitait ses Frères à venir avec lui prendre possession de ce bienheureux séjour, et il s'écriait : Quel bonheur ! je suis avec le bon Dieu. Et puis, rappelant un passé qui n'était plus pour lui, il demandait avec une émotion profonde : Où est mon frère ! où est ma mère !

Et sa foi, comme elle se ranimait dans ces moments solennels ! Il parlait avec bonheur des communions qu'il avait eu le bonheur de faire pendant sa vie, et il rappelait le soin qu'il avait pris pour que ses élèves s'approchassent toujours dignement de la Table Sainte.

Le samedi 15 juillet ses forces diminuaient avec une telle rapidité, que l'on crut urgent de lui faire goûter encore une fois les douceurs de la divine Eucharistie. Le pieux malade était dans l'habitude de s'approcher tous les samedis de la Table Sainte, on profita des cette circonstance pour lui donner le saint Viatique. Il était beau, notre malade, dans ce moment solennel, laissant éclater tous les transports de sa foi et de son amour avant de recevoir le Dieu qu'il allait bientôt posséder pour toujours.

Quand il eut reçu la Sainte Communion, il se recueillit profondément, puis il demanda à Dieu, qui venait de l'honorer de sa présence, de conserver à son Église l'unité de la foi, il pria pour la glorieuse victime des passions de notre époque, pour ce Pie IX, la gloire de notre Église. Sa voix trouva assez de forces pour redire l'acte de foi, pour se déclarer fils soumis de l'Église, et animé saint transport il s'écria : « Je ne crains rien, Jésus est avec moi. »

Les douces émotions avaient épuisé le malade. La nuit fut pénible, et dès trois heures du matin la science s'avouait vaincue, et la perte du cher malade devenait imminente. A neuf heures du matin, alors que ses anciens élèves priaient pour lui à la messe de l'Œuvre de la Jeunesse, une crise violente se déclara, le pieux aumônier du pensionnat répandit sur les membres de ce rude jouteur contre la mort l'Huile sainte, et le bon religieux, après avoir uni ses prières à celles de l'Église, se tourna vers ses Frères, pour leur demander de vouloir bien lui pardonner les torts qu'ils auraient à lui reprocher.

Alors il prit son scapulaire d'une main et son chapelet de l'autre, comme le guerrier qui, à l'heure du combat, prend son bouclier et ceint son épée. Il baisait son crucifix, il baisait l'image de Marie, et ses lèvres murmuraient avec amour les prières qu'il avait tant de fois répétées pendant sa vie. On n'entendait plus ses paroles, et ses lèvres s'agitaient encore comme le doux écho d'une harmonie expirante. A 9 heures sa prière commencée sur la terre se terminait dans les cieux.

Voilà la mort du juste. Comme elle est belle, comme elle est précieuse non-seulement aux yeux de Dieu mais aussi aux yeux des hommes !

Car à peine la triste nouvelle fut-elle répandue, que l'on vit ses anciens élèves s'empresser de venir contempler une fois encore les traits chéris du meilleur ami de leur enfance.

Je ne dirai point le deuil qui accompagna jusqu'au tombeau sa dépouille mortelle. L'Église de Notre-Dame-des-Blancs-Manteaux était trop petite pour contenir la foule accourue à ses funérailles. Et les larmes de tous, mêlées aux larmes du vénérable pasteur de la Paroisse

montraient tous les regrets causés par cette cruelle séparation.

Et maintenant sa dépouille mortelle se repose à l'om-
de la croix de toutes les fatigues supportées pendant le
passage de la vie. Et son âme ? son âme elle est sur le rivage de la bienheureuse éternité, l'œil fixé sur ses Frères
bien-aimés continuateurs de ses œuvres, l'œil fixé sur ses
élèves chéris pour voir s'ils sauront profiter de ses leçons,
s'ils se laisseront entraîner par le doux attrait de ses
exemples. Élèves du frère Baudille, je vous ai tous con-
nus, et comme lui je vous ai tous aimés. C'est pour vous
aider à répondre au désir de ce bon Frère, que j'ai écrit
ces lignes. Relisez-les de temps en temps, relisez-les sur-
tout aux jours orageux de la vie, et vous ne pourrez vous
rappeler les trésors d'amour du cœur de celui que vous
pleurez en ce moment, sans avoir la volonté de pouvoir
toujours vous glorifier d'avoir été son élève. Sa vie se ré-
sume en deux mots : Prière et travail : puisse la vôtre se
résumer ainsi : le travail vous gardera contre vous-mêmes
et contre les piéges de la vie, et la prière vous donnera
ces ailes de feu, qui vous feront prendre votre essor vers
le beau Ciel, où le maître et les élèves seront si heureux
de se trouver réunis pour l'éternité.

SOUVENIR FRATERNEL !

Pourquoi venir troubler ces instants de bonheur
Par des chants où respire une amère douleur?
Tout devrait révéler la joie et l'allégresse,
Et voilà que les fronts se couvrent de tristesse !
C'est que rien ne redit les fêtes d'autrefois,
Que des accents plaintifs seuls inspirent ma voix.
Aujourd'hui point d'éclat, de festons, de tentures,
On a banni d'ici les splendides parures.
Les velours frangés d'or seraient-ils bien placés
En présence de l'urne aux ossements glacés,
Et les sons enivrants des fanfares guerrières
Pourraient-ils ranimer de funèbres poussières?
Non, non; trêve aux transports, quand la famille en deuil
Pleure et gémit encore en face d'un cercueil!!!
Plutôt venez payer, jeunesse, adolescence,
Le tribut mérité de la reconnaissance
Au Frère que vos cœurs ont appris à chérir,
Et qui du haut du Ciel se plaît à vous bénir.

Vingt ans il consacra son obscure existence
Au bonheur d'enseigner l'éternelle Science,
Et, grâces à son zèle, il forma pour le bien
Plus d'un cœur qui lui doit d'être aujourd'hui chrétien.
Jamais il n'a faibli devant la lourde tâche
Que son cœur embrassait sans trêve et sans relâche.
Au poste tous les jours, sentinelle d'honneur,
Champion courageux et soldat de valeur,
Plus difficile était le prix de la victoire,
Plus grande, pensait-il aussi, serait la gloire.
Tel vécut parmi nous l'homme saint et pieux,
L'instituteur zélé, l'humble religieux
Qui, du monde toujours méprisant les caresses,
Préféra de son Dieu les divines largesses.

Encor plein de santé, de force et de vigueur,
Il promettait à tous de longs jours de bonheur.
Hélas ! ce vain espoir, comme une ombre éphémère,
Une onde fugitive, une vapeur légère,
S'évanouit. Alors, de fièvre consumé,
Sur lui de la douleur le sceau fut imprimé ;
Il sentit l'aiguillon de l'amère souffrance
Épuiser dans son corps la force et la puissance.
Qui dira de ses maux les rapides progrès ?
Moins ardente est la flamme à travers les guérets,
Moins terrible un torrent aux ondes courroucées,
Lorsqu'il descend les flancs des montagnes glacées.
A chaque heure du jour ses Frères éperdus
L'environnaient d'amour et de soins assidus.
Le breuvage ordonné pour conjurer la fièvre,
Sans cesse répandu sur sa brûlante lèvre,
N'avait point apaisé les transports du cerveau ;

La science imagine un remède nouveau :
Le malade est plongé dans un bain salutaire ;
Cet énergique essai deux fois se réitère.
Soins superflus : la mort précipite ses pas,
Et la victime, hélas! marche vers le trépas.

Pourra-t-elle endurer le périlleux voyage,
Et de la terre au Ciel affronter le passage ?
Car, de l'Enfer nombreux sont alors les assauts.
Tels, battus par les vents, de superbes vaisseaux
Viennent sombrer au port après la traversée ;
Telle peut l'âme aussi, par le mal oppressée,
Succomber sous les coups de la tentation
Et sans retour tomber dans la perdition.
Ne craignez rien, pourtant.' Mieux qu'une tendre mère,
Dieu saura prendre soin de ce bien-aimé Frère.

Mais le temps est venu. Chacun s'est empressé.
Près du lit du malade un autel est dressé,
Où vient, pour se donner la Manne eucharistique,
Le sacrement d'Amour, précieux viatique ;
Dieu qui descend lui-même, au pieux pèlerin
Offrir en aliment son corps pur et divin.
Le saint religieux, l'âme tout attendrie,
Regarde avec amour le Pain qui fortifie ;
Et le cœur plein d'espoir, soumis, humble et confus,
De ses désirs brûlants il appelle Jésus.
Le prêtre du Seigneur à son chevet s'incline :
« Mon fils, Dieu vous rappelle à la sainte colline ;
Du monde vous avez, désertant les sentiers,
Consacré votre cœur, vos sens, vos jours entiers,

« A bénir le Seigneur, à chanter ses louanges,
« A lui former, sur terre, une cohorte d'anges.
« Vous avez épuisé dans un secret labeur
« Ce que Dieu mit en vous de force et de vigueur.
« L'heure est enfin venue ; aux plaines immortelles
« Précipitez vos pas ; les portes éternelles
« Déjà s'ouvrent pour vous ; et pour signe d'amour
« Le Dieu qui vous créa se donne en ce beau jour. »
Et sur sa lèvre ardente il déposa le gage
Du bonheur envié que tout élu partage.

Le malade, attendri d'une telle faveur,
Au Dieu qui s'est donné témoigne sa ferveur ;
Il adore en secret ; puis, rompant le silence,
Il entonne le chant de la reconnaissance.
Entendez ses accents : « Jésus est avec moi,
« Dit-il, dans les élans de son ardente foi ;
« Qui puis-je redouter ? le Ciel est dans mon âme,
« Et je sens en moi-même une brûlante flamme,
« Dévorant les désirs amassés dans mon cœur,
« Commencer ici-bas mon suprême bonheur. »

D'infernales terreurs son âme délivrée
Désirait des mourants l'Huile sainte et sacrée.
Le ministre de paix accourut aussitôt
Prémunir ce chrétien contre un dernier assaut.
Après avoir prié Jésus et Notre-Dame
Il se relève et dit : « Mon fils, Dieu vous réclame ;
« C'est pour vous le moment de jouir du repos
« Qui succède toujours aux pénibles travaux.
« Mais avant le sommeil, l'Église, votre mère,
« Vous donne, avec amour, sa dernière prière.
« Recevez sur vos sens la suprême Onction :

« Elle vous gardera dans la tentation.
« Mon frère, ayez courage, un entier sacrifice
« Toujours auprès de Dieu trouve un accès propice ;
« De votre vie offrez les dernières lueurs,
« Et le Juge pour vous voilera ses rigueurs. »
Tout redit du mourant le bonheur qui l'inonde,
Au penser que bientôt il quittera ce monde.
A ses Frères émus il demande pardon,
Puis se remet à Dieu dans un saint abandon...
L'assistance, à genoux, à ce tableau sublime
D'un juste qui se meurt volontaire victime,
Sentit son cœur brisé...

Il n'était plus d'espoir...
Chacun se retira, n'espérant plus le voir,
Car, la fièvre sur lui redoublant son empire,
Le malade tomba dans un dernier délire.
Cependant, au milieu des plus ardents transports,
Alors que les accès semblaient être plus forts,
Son cœur guidait encor sa lèvre frémissante :
Il murmurait les noms de la Vierge puissante,
De Jésus, de Joseph, de son Ange gardien,
De l'archange Michel, ce céleste soutien.

Il priait. A cette heure, il n'est que la prière
Pour apporter à l'âme un secours salutaire.
Il priait. Vers le ciel ses regards élevés
Semblaient aller puiser des élans inspirés ;
Et ses bras, étendus vers la sainte Madone,
Vers la croix du salut, vers le Dieu qui pardonne,
Appelaient les secours promis au serviteur,
A l'homme de la foi béni par le Seigneur.
Il priait. Et les cœurs dans son cœur pouvaient lire,

A travers les écarts de ses sens en délire,
Ce que Dieu donne à ceux qui lui sont consacrés
De divines bontés, de bienfaits ignorés.
La prière avait fait le bonheur de sa vie;
Elle fut son secours jusque dans l'agonie.
L'agonie en effet venait de commencer.
Quelques heures encor, la mort allait passer,
Achevant, sans pitié pour notre âme alarmée,
Le fil presque brisé d'une existence aimée.

Le soleil s'est enfui dans la pourpre des cieux,
Et la nuit vient voiler ses astres à nos yeux;
Jusques à l'horizon, de sinistres nuages,
Un air lourd, embrasé, précurseurs des orages,
Répandent sur la terre une sombre terreur;
C'est comme du trépas le triste avant-coureur.
Car du mourant déjà la langue s'est glacée,
Et sa poitrine en feu, si longtemps oppressée,
Se soulève avec peine et gémit sous l'effort
Des redoutables coups que lui porte la mort.
Ainsi gémit souvent sur l'enclume brûlante
Le métal embrasé que le marteau tourmente,
Ainsi, sous le ciseau, le marbre torturé,
Par la main du sculpteur se voit transfiguré.
Dix heures vont sonner. Ses amis et ses frères,
Prosternés près de lui, récitent des prières,
Épiant, anxieux, le solennel moment
Où du drame mortel se fait le dénoûment.
Il approchait. Soudain règne un profond silence;
Quelques soupirs... puis... rien !
                                    Sans nulle violence,
Et sans qu'il ressentît la suprême frayeur,

Le juste avait passé dans un monde meilleur,
D'une main, retenant le sacré scapulaire,
Et de l'autre, une croix attachée au rosaire.
Il n'était plus !...

           La mort, de célestes clartés,
Avait illuminé ses traits décolorés.
Le sourire versait sur sa lèvre livide
Les charmes ravissants de sa grâce candide.
Moins aimable au berceau paraît l'enfant qui dort,
Et dont le doux sommeil n'a que des rêves d'or.

Mais pourquoi donc, mon Dieu, pourquoi ce sacrifice ?
Pourquoi de vos enfants exiger ce calice ?
Quoi ! vous venez encor, par des traits redoublés,
Frapper des cœurs, hélas ! à peine consolés !
N'était ce pas assez d'une faible victime,
Et fallait-il des morts rouvrir sitôt l'abîme (1) ?...
Mais non, point de regrets. Sous ces coups, à nos yeux
Dieu dérobe toujours des plans mystérieux ;
Et lorsqu'il frappe ainsi, c'est sa main paternelle
Qui couronne un élu dans la gloire éternelle...

O Frère bien aimé ! de la sainte Cité
Où vous régnez sans doute, en l'immortalité,
Contemplez nos douleurs, voyez notre tristesse,
Et que du ciel sur nous votre regard s'abaisse.
Vous avez échangé les rêves d'ici-bas
Pour des réalités qui ne finiront pas ;

______

(1) Le cher frère Abélien-Joseph, professeur de la 6ᵉ classe, décédé le
11 avril 1865.

Aujourd'hui près de Dieu, pour prix de vos victoires,
Vous goûtez les splendeurs des éternelles gloires.
Ah! faites partager à nos cœurs éplorés
Les délices sans fin des Parvis vénérés!...
Bénissez la Maison où votre âme abritée
Ne connut point les maux d'une vie agitée;
Où, sous l'œil du Seigneur, pratiquant les vertus
Satan, la chair, le monde ont été combattus;
Bénissez ces enfants, afin que l'innocence
Les accompagne tous dans leur adolescence;
Mais bénissez aussi tous ces parents chéris,
Et les Frères aimés qui vous furent unis :
C'est l'unique désir de nos âmes brisées;
Puisse-t-il soutenir nos forces épuisées!...

118.—PARIS. IMPRIMERIE ÉDOUARD BLOT, RUE SAINT-LOUIS, 46.

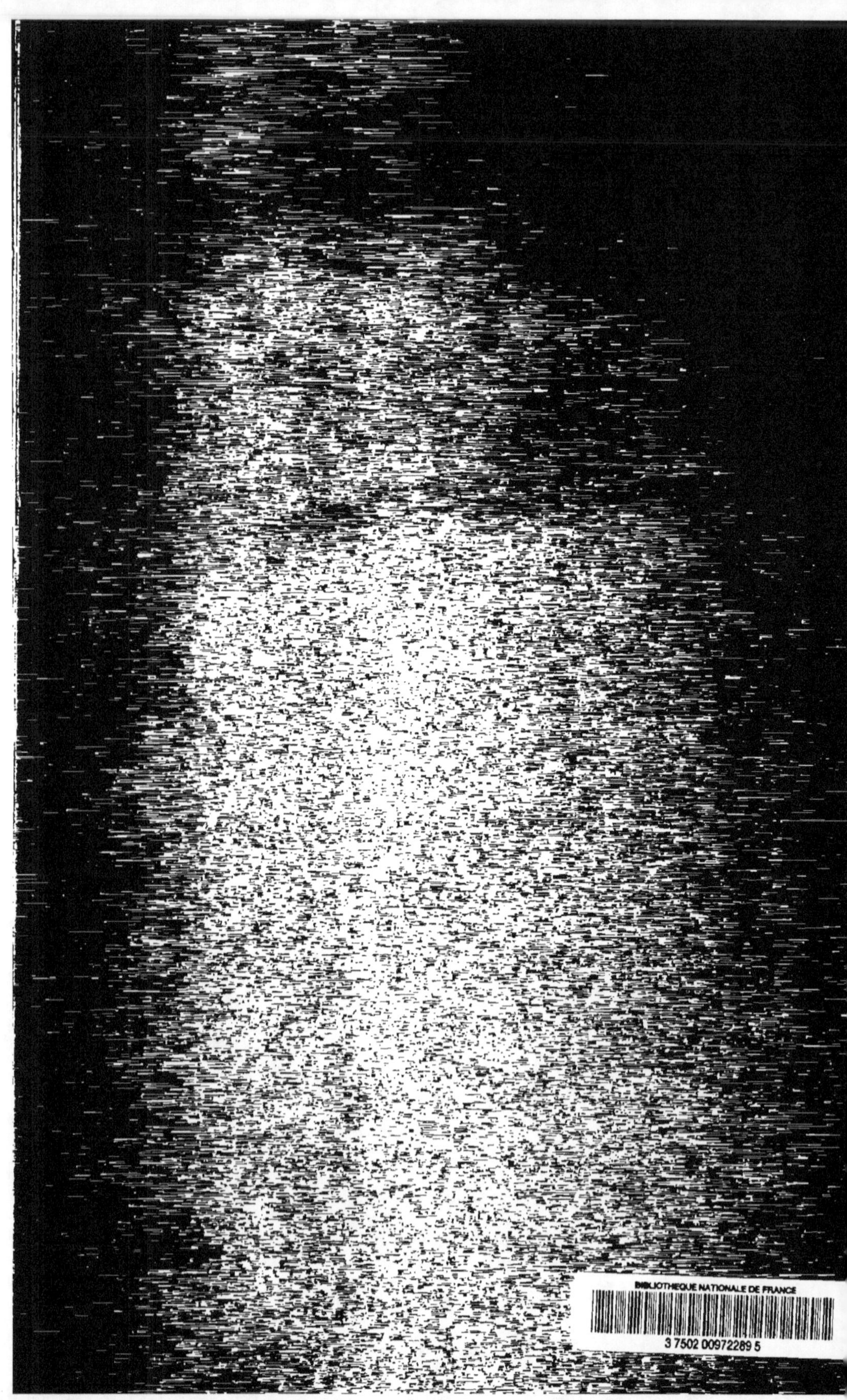

BIBLIOTHEQUE NATIONALE DE FRANCE
3 7502 00972289 5